MINISTÈRE DE L'INSTRUCTION PUBLIQUE ET DES BEAUX-ARTS

HISTOIRE ET DESCRIPTION

DU

PALAIS DES ARCHIVES

NATIONALES

PAR

M. J. J. GUIFFREY

MEMBRE DE LA COMMISSION DE L'INVENTAIRE GÉNÉRAL DES RICHESSES D'ART DE LA FRANCE

Prix : 1 fr. 50 c.

PARIS

LIBRAIRIE PLON

E. PLON, NOURRIT et Cie, IMPRIMEURS-ÉDITEURS
RUE GARANCIÈRE, 10

PALAIS

DES

ARCHIVES NATIONALES

PALAIS

DES ARCHIVES NATIONALES

(ANCIEN HÔTEL SOUBISE)

HISTOIRE. — *Les Archives générales de France occupent de vastes bâtiments appartenant à trois époques bien distinctes, sans parler des Dépôts construits depuis une quarantaine d'années. Trois noms célèbres résument l'histoire de ces bâtiments. En face de la rue de Braque, deux tourelles encadrent la porte de l'hôtel d'Olivier de Clisson, le connétable de Charles V. Cette porte et ces tourelles sont le seul vestige de l'architecture civile du quatorzième siècle qui existe encore à Paris.*

Il y a peu de temps, s'élevaient le long de la rue du Chaume (aujourd'hui rue des Archives) et au coin de la rue des Quatre-Fils de hautes et sévères constructions érigées par les ducs de Guise, devenus propriétaires de l'hôtel de Clisson, qu'ils avaient acquis du financier Babou de la Bourdaizière. Elles ont été démolies jusqu'à la hauteur du premier étage, à cause de leur vétusté, au début du siége de Paris (1870). Elles viennent d'être remplacées par des constructions modernes (1878). Il reste cependant un escalier qui date des Guise; sa rampe de fer a pour principal motif d'ornement la double croix de Lorraine.

Enfin, au dix-huitième siècle, l'hôtel de Guise fut réuni à plusieurs propriétés voisines par les princes de Soubise; ils conservèrent les appartements intérieurs, qu'ils décorèrent dans le goût de l'époque, et qui sont restés un des modèles les plus parfaits du style Louis XV; ils érigèrent la façade et la colonnade qui entoure la cour d'honneur.

Lors des restaurations exécutées en 1847, on a découvert des peintures murales surmontant la porte d'Olivier de Clisson. On les a soigneusement conservées. Ces peintures représentent deux écussons sur un manteau d'hermine, surmontés d'une couronne ducale. Ce sont les armes des deux maisons de Guise et de Joyeuse, alors alliées.

M. Quicherat a démontré que l'ancre apparaissant au-dessous d'un des deux écussons fixe l'exécution de cette peinture à une date postérieure à l'année 1611.

Les C et H entrelacés sont les initiales de Charles de Lorraine, duc de Guise, fils du Balafré, et de Henriette-Catherine de Joyeuse, sa femme, dont les armoiries sont ici figurées. Les doubles croix rappellent la maison de Lorraine.

Quant aux deux écussons qui surmontent l'arc brisé de la porte, à la devise d'Olivier de Clisson : Pour ce qui me plet, qui sépare les écussons, et à l'M onciale, dont on ne connait pas bien la signification, qui surmonte cette devise, tous ces ornements sont modernes; ils ont été ajoutés par M. Letronne, en 1847, pour rappeler le souvenir du connétable. On les a empruntés tant au sceau d'Olivier de Clisson qu'à des carreaux émaillés trouvés dans les substructions de l'édifice.

Près de cette porte, du temps des Guise, se trouvait la chapelle, autrefois décorée de peintures murales de Nicolo dell' Abbate, dont il ne reste plus vestige, d'une Adoration du Primatice et d'une Vierge de Raphael.

L'escalier de l'hôtel, aujourd'hui détruit, était orné de peintures murales de Brunetti.

Les historiens vantent encore d'admirables tapisseries faites sur les dessins d'un certain Rogier, peut-être Rogier van der Weyden, qu'ils citent comme un chef-d'œuvre du genre.

C'est dans cet hôtel qu'était conservée, à la fin du dix-huitième siècle, la fameuse bibliothèque de de Thou, achetée en 1706 par les Rohan, et dispersée en 1789, après la mort du dernier prince de Soubise.

Le premier architecte de l'hôtel Soubise fut Delamaire, mort en 1745. Il construisit la façade et la colonnade qui entoure la cour d'honneur. Cette cour dut sa naissance à la nécessité de laisser un passage devant la façade de l'hôtel, en continuation de la petite rue de Braque, qui se prolongeait ainsi de la rue du Chaume à la rue Vieille-du-Temple sous le nom de rue de la Roche, puis de rue de Soubise. Les travaux furent commencés vers 1705.

La décoration intérieure des appartements est de Boffrand.

Les architectes modernes qui ont travaillé à l'agrandissement des Archives sont MM. Dubois, Lelong, Janniard et Grisar et Guillaume.

Les restaurations de la porte de l'hôtel Clisson sont dues à M. Lelong, et celles des appartements à M. Janniard. M. Grisar a construit les bâtiments qui s'étendent le long de la rue des Quatre-Fils, et M. Guillaume ceux qui vont de l'angle de cette rue à la porte d'Olivier de Clisson, sur la rue des Archives.

Bibliographie de l'hôtel Soubise :

Les Archives de la France, ou histoire des Archives de l'Empire, etc., par H. Bordier. Paris, Dumoulin, 1855. In-8.

Livre d'architecture, par le sieur Boffrand, architecte. Paris, Guillaume Cavelier, 1745, in-fol. pl., contenant sur l'hôtel Soubise 2 p. de texte en français et en latin et 10 planches gravées par C. Lucas et Babel, représentant la décoration des panneaux et plafonds des principales pièces de l'hôtel.

Topographie de Paris, au Cabinet des Estampes : Plans de l'hôtel de Guise, 1697.

Blondel, *Architecture française*, t. II.

Détails gravés par Mariette (probablement pour la continuation du livre précédent), 11 planches.

Vue du palais de Soubise du côté de la rue, par Rigaud : à la Calcographie du Louvre.

L'Art architectural en France, époque de Louis XV. Noblet et Baudry, éd. ; E. Rouyer, arch., del. et dir.; Sellier, sc. 7 planches.

Revue universelle des Arts, article sur les Adam, t. XVIII, p. 219.

G. Brice, *Description de Paris*, 8e éd., 1725, t. II, p. 85.

Piganiol de la Force, *Description historique de la ville de Paris*, 1765, t. IV, p. 333-339.

Thiéry, *Guide des Amateurs*, 1787, t. I, p. 581.

Revue archéologique, 15 février 1848, t. IV, p. 760-769, et 2 pl. Article de M. J. Quicherat sur la porte de l'hôtel Clisson.

Gazette des Beaux-Arts, l'Hôtel de Soubise, les bâtiments, les tableaux, le musée (deuxième période), t. I, p. 393-417 et 543-552.

Paris pittoresque, 1837, t. II, p. 101, par M. Dessalles.

Articles sur l'hôtel Soubise, dans le journal *l'Ordre*, du 26 avril au 8 mai 1849, par Al. de Lacrace, et dans le *Moniteur universel* du 7 février 1847.

DESCRIPTION.

EXTÉRIEUR.
FAÇADE DU PALAIS
SUR LA COUR D'HONNEUR.

Le tympan de la grande porte d'entrée sur la rue est décoré d'une sculpture en bois représentant :

L'Histoire entourée de livres et de parchemins. — Bas-relief. — Auteur inconnu.

Au premier étage de la façade de l'hôtel :

Les Quatre Saisons, statues en pierre de sept pieds de haut, par ROBERT LE LORRAIN.

Le même artiste avait sculpté les armes des Soubise, jadis placées dans le fronton et qui n'existent plus.

Deux grandes figures, *la Prudence* et *la Renommée,* couchées sur les rampants du fronton, et quatre groupes d'enfants avec des trophées au-dessus du second étage, complètent la décoration de la façade.

Thiéry, dans son *Guide,* les attribue à R. LE LORRAIN; mais l'abbé Gougenot ne les indique pas dans le Catalogue placé à la suite de la biographie de l'artiste, dans les *Mémoires inédits des Académiciens,* tout en rapportant que LE LORRAIN avait sculpté plusieurs trophées placés à l'extérieur de l'hôtel. La porte monumentale sur la rue actuelle des Francs-Bourgeois était jadis accompagnée des deux figures d'*Hercule* et de *Pallas,* par Guillaume COUSTOU le jeune et BOURDY, et des armes des Rohan-Soubise; ni les statues ni les armes n'existent plus.

INTÉRIEUR.

La décoration en arabesques et en feuillages délicatement sculptés en bois sur les portes ou les panneaux des appartements du rez-de-chaussée et du premier étage échappe à toute description; nous pouvons seulement indiquer les sujets qui décorent les corniches de plusieurs salles.

Dans le vestibule du rez-de-chaussée : deux tympans de porte, sculptés en pierre, représentent divers attributs guerriers surmontés d'un médaillon contenant une tête d'empereur romain.

REZ-DE-CHAUSSÉE.
SALON OVALE.

Huit groupes de très-haut relief en stuc, placés dans l'espace qui sépare les arcatures des portes et des fenêtres. Quatre de ces bas-reliefs représentent :

La Justice,
La Musique,
La Peinture et la Poésie,
L'Histoire et la Renommée.

Ces groupes sont de Lambert-Sigisbert ADAM.

Les quatre autres ont pour sujets :

Le Drame,
L'Astronomie,
La Navigation,
La Comédie.

Ces groupes sont de Jean-Baptiste LE MOYNE. Leur proportion est de demi-nature environ.

Dans un petit cabinet, au rez-de-chaussée, ancien cabinet du secrétaire de l'École des Chartes, deux dessus de porte ovales en camaïeu bleu représentant :

La Chasse et *la Pêche,* figurées par des enfants nus. — Toiles. — H. 0ᵐ,53. — L. 0ᵐ,45.

PREMIER ÉTAGE.
PREMIÈRE SALLE DU MUSÉE,
Autrefois désignée sous le nom de Grande-Galerie.

Quatre dessus de porte.

Au-dessus de la porte d'entrée :

1. *Hymen d'Hercule et d'Hébé* [1]. — Toile carrée. — H. 1ᵐ,55. — *Signé* sur la massue : TRÉMOLLIÈRES, 1737. Exposé au Salon de 1737.

Hercule assis au milieu des nuages, sa peau de lion sur les genoux, presse dans ses bras la jeune femme placée à gauche; des guirlandes de fleurs les enlacent. Derrière eux deux Amours dont l'un porte une torche; un autre, sur le devant, tient une grande aiguière d'or.

---

[1] Pour tous les tableaux qui ont figuré aux Salons de l'Académie de peinture, nous reproduisons les titres sous lesquels les tableaux sont désignés dans les livrets.

En face du précédent :

2. *Mars et Vénus.* — Toile carrée. — H. 1m,55. — *Signé* au bas, à droite : CARLE VAN LOO.

Mars assis à droite, en cuirasse bleue bordée d'or, avec une draperie rouge sur les genoux, contemple la déesse appuyée contre lui. A leurs pieds un carquois et des flèches; dans le fond l'Amour, et dans un coin du ciel, à gauche, deux colombes.

Au bout de la pièce, à droite :

3. *L'Aurore et Céphale.* — Toile carrée. — H. 1m,55. — *Signé* dans un nuage, en bas, à droite : F. BOUCHER. Exposé au Salon de 1739.

L'Aurore, entièrement nue et assise sur des draperies jaunes et blanches, veut retenir son époux qui s'apprête à partir pour la chasse et tient un arc de la main gauche. A droite, deux Amours retiennent les chevaux d'un char à moitié caché par les nuages. Au bas, à gauche, apparaissent deux têtes de chiens.

En pendant du précédent :

4. *Neptune et Amphitrite.* — Toile carrée. — H. 1m,55. — *Signé :* RESTOUT, 1736. Exposé au Salon de 1738.

Les deux divinités sont assises dans un char marin conduit par un Triton. Un autre Triton, sur la gauche, présente à la déesse une large coquille remplie de coraux et de perles.

Dans cette salle du Musée sont également placés les bustes de deux anciens directeurs des Archives :

P. C. F. Daunou. — Buste. — Marbre. — H. 0m,64. — Par P. J. DAVID d'ANGERS.

J. A. Letronne. — Buste. — Marbre. — H. 0m,60. — Par JALEY.

DEUXIÈME SALLE DU MUSÉE,
Précédant la chambre à coucher de la princesse.

Deux dessus de porte.

Au-dessus de la porte d'entrée :

1. *Vénus au bain.* — Toile chantournée. — H. (dans la plus grande dimension) 1m,30. — L. 1m,57. — *Signé :* F. BOUCHER F. Exposé au Salon de 1738.

La déesse descend de son char dans lequel on aperçoit deux colombes. Elle a quitté tous ses vêtements et se prépare à entrer dans l'eau d'un ruisseau. De la main droite, elle retient sur son sein une draperie blanche rayée de jaune et un collier de perles. Devant elle un Amour bouffi, portant un arc suspendu à un cordon rouge, semble la contempler.

En face du précédent :

2. *Vénus à sa toilette.* — Toile chantournée. — Mêmes mesures que la précédente. — *Signé :* CARLE VAN LOO. Exposé au Salon de 1738.

Assise sur un coussin de velours rouge, Vénus arrange ses cheveux en se mirant dans une glace tenue par une nymphe debout devant elle. Deux autres femmes, à gauche, à demi cachées par la figure principale, l'assistent dans sa toilette. Au bas du tableau deux colombes, et près de la déesse, se penchant sur elle, un Amour.

La corniche est décorée de festons et de guirlandes. Au centre de chacun des quatre côtés se trouve un *Amour* en très-haut relief portant un miroir ou une guirlande; aux angles, des médaillons supportés par deux Amours et contenant chacun une femme avec des enfants sculptés en très-bas relief. Ces médaillons figurent les quatre Saisons ou les quatre parties du Monde, car on distingue, dans les accessoires dont les figures sont accompagnées, un lion et un crocodile, un cheval et un chameau.

TROISIÈME SALLE DU MUSÉE,
Autrefois chambre à coucher de la princesse.

Deux dessus de porte et deux paysages.

Au-dessus de la porte d'entrée :

1. *Deux Femmes nues.* — Toile chantournée. — H. (dans sa plus grande dimension) 1m,46. — L. 1m,54. — *Signé :* F. BOUCHER.

Assises au milieu des nuages sur de riches étoffes, elles jouent avec un petit Amour que l'une d'elles, placée à gauche, agace en lui caressant la joue avec une fleur. Derrière la femme de droite on aperçoit une troisième figure qui ne laisse voir que son buste et sa tête. Sur le devant, un carquois rouge et des fleurs. C'est peut-être le tableau que Dargenville attribue à Trémollières, avec cette désignation : *Les Grâces présidant à l'éducation de l'Amour.*

En face du précédent :

2. *Minerve apprenant à une jeune fille l'art de la tapisserie.* — Toile chantournée. — Mêmes dimensions que la précédente. — *Signé :* TRÉMOLLIÈRES, 1737. Exposé au Salon de 1737.

La déesse, coiffée d'un casque surmonté de

plumes et vêtue de draperies bleues et roses, montre à une jeune fille placée à sa gauche une tapisserie portée par deux Amours. La jeune fille tient elle-même un canevas sur lequel elle s'essaye à imiter le modèle qui lui est présenté. A ses pieds, une corbeille renversée laisse échapper des pelotes de laine.

3. *Pastorale*, actuellement placée dans la ruelle de l'alcôve, à gauche. — Toile chantournée. — H. (dans la plus grande dimension) 1^m,16. — L. 1^m,64. — *Signé :* Boucher.

Un berger debout et suivi de son chien offre une cage à une bergère en corsage blanc décolleté et en jupe bleue. Auprès d'eux des moutons. Fond de paysage très-épais.

4. *Pastorale*, dans l'alcôve, en pendant de la précédente. — Toile chantournée. — Mêmes dimensions que la précédente. — *Signé :* Boucher.

Au pied d'une fontaine entourée de massifs de verdure derrière lesquels se cache un rival, un berger en satin bleu présente des fleurs à une bergère en robe de soie et tenant une houlette. A leurs pieds trois moutons couchés sur l'herbe.

Trumeaux et plafond.

L'architecte et le décorateur se sont ici surpassés. D'abord de grands personnages en stuc, surmontant la corniche, se détachent sur le plafond dans l'axe de la pièce; ils ont été exécutés par Nicolas-Sébastien Adam. Au-dessous de chaque figure, dans la corniche dorée, est un trophée d'armes et d'attributs. Les angles de cette même corniche présentent, dans des médaillons entièrement dorés, des scènes mythologiques gravées en très-bas relief. Enfin les quatre panneaux principaux des trumeaux sont décores de médaillons ovales, dorés aussi, d'un très-faible relief et séparés par des glaces. Voici les sujets de ces différents motifs de décoration, en commençant à gauche après la porte d'entrée et en faisant le tour de la pièce.

Plafond :

1. *Vénus et Mars.*
2. *Diane et Endymion.*
3. *Pallas et Mercure.*
4. *Bacchus et Ariane.*

Les quatre médaillons d'angle de la corniche représentent les sujets suivants :

1. *Léda.*
2. *Ganymède.*
3. *Ariane.*
4. *Danaé.*

Enfin les grands médaillons des panneaux se suivent ainsi :

1. *Argus et Mercure.*
2. *Europe.*
3. *Sémélé.*
4. *Calisto.*

QUATRIÈME SALLE DU MUSÉE, OU SALON OVALE

Huit compositions de Charles Natoire[1] remplissent l'espace, de forme triangulaire, qui se trouve entre le plafond et les arcades occupées par trois glaces, une porte et quatre fenêtres. Ces huit panneaux retracent les sujets les plus saillants de l'histoire de Psyché. La différence de largeur des arcades et des panneaux intermédiaires cause une différence sensible dans la dimension de ces peintures. Quatre d'entre elles (les n°s 2, 3, 6, 7) mesurent 3^m,40 de largeur, dans leur plus grande étendue, sur 1^m,60 de hauteur; les autres (n°s 1, 4, 5, 8), plus petites, ont 1^m,80 de hauteur et 2^m,66 de largeur.

Voici ces sujets dans leur ordre matériel, en commençant à gauche de la porte d'entrée :

1. *Psyché, abandonnée et en proie au désespoir, est soutenue par trois Amours.* — Toile triangulaire. — Petite mesure. — *Signé :* C. Natoire F., 1739.

Zéphire vient à travers les airs la consoler. On aperçoit dans le fond le cortége qui l'a conduite et s'en retourne.

2. *Psyché est reçue, sur le péristyle d'un palais, par des nymphes qui lui offrent des fleurs.* — Toile triangulaire. Grande mesure. — *Signé :* C. Natoire F., 1737.

Une d'elles, assise de face au premier plan, tient un vase d'une riche décoration.

3. *Psyché montre à ses sœurs les bijoux et les vêtements qu'elle a rapportés.* — Toile triangulaire. — Grande mesure. — *Signé :* C. Natoire F., 1738.

La droite de la composition est occupée par trois femmes qui tiennent des vases et déploient des étoffes.

---

[1] Ces compositions viennent d'être reproduites par la gravure pour orner le roman de *Psyché* récemment édité (1878) par M. Quantin, imprimeur.

4. *Psyché tend la lampe pour regarder l'Amour endormi.* — Toile triangulaire. — Petite mesure. — *Signé* à gauche : C. NATOIRE, 1738.

5. *Quatre Nymphes retirent de l'eau le corps inanimé de Psyché.* — Toile triangulaire. — Petite mesure. — *Signé :* C. NATOIRE F., 1738.

En haut, à gauche, le Fleuve appuyé sur son urne penchée.

6. *Psyché est présentée par un vieillard à deux bergères qui gardent des moutons et des chèvres en filant.* — Toile triangulaire. — Grande mesure.

7. *Psyché arrive des Enfers et s'évanouit.* — Toile triangulaire. — Grande mesure. — *Signé* à droite : C. NATOIRE F., 1738.

L'Amour la soutient et cherche à fléchir le courroux de sa mère, portée sur un nuage par des Amours.

8. *L'Amour enlève Psyché dans un nuage que soutiennent de petits Amours et l'amène dans l'Olympe.* — Toile triangulaire. — Petite mesure.

A droite le char de Vénus; en bas du tableau un groupe de trois femmes.

Nous n'avons pu découvrir la signature des n°s 6 et 8; peut-être est-elle recouverte par la bordure. Au reste, il n'y a pas de doute sur l'authenticité de ces deux panneaux. Boffrand représente les sujets dans un ordre différent de celui qu'ils occupent aujourd'hui et que nous suivons comme le plus rationnel.

Les tableaux du Salon ovale sont surmontés de huit groupes composés de deux Amours en stuc portant différents attributs. Au-dessous des panneaux peints et entre les fenêtres, deux Amours dorés, et cette fois séparés par des mascarons, paraissent supporter les cadres des tableaux.

Il y a une vingtaine d'années, le Salon ovale des NATOIRE avait encore sa cheminée du dix-huitième siècle, en marbre d'une qualité exceptionnelle. Cette cheminée fut offerte à l'impératrice Eugénie, transportée aux Tuileries sous le règne de Napoléon III. Elle a disparu dans l'incendie des Tuileries.

La cheminée actuelle est surmontée d'une :

Pendule, en bois d'ébène, avec incrustations de cuivres et bronzes. — H. 0ᵐ,88. — 0ᵐ,86.

Cette pendule se compose d'un socle en bois noir incrusté de cuivres, surmontée de deux rampants sur lesquels sont couchés le *Crépuscule* et la *Nuit* de Michel-Ange. Au milieu de ces figures est posé un cadran signé : « LE PAUTE », sur lequel est posé un sablier entre deux ailes.

CINQUIÈME SALLE DU MUSÉE,
A la suite du Salon ovale.

Quatre dessus de porte.

Au-dessus de la porte d'entrée :

1. *Mercure faisant l'éducation de l'Amour.* — Toile chantournée. — H. (dans la plus grande dimension) 1ᵐ,17. — L. 1ᵐ,18. — *Signé :* F. BOUCHER. Exposé au Salon de 1738.

Mercure est étendu de droite à gauche; il tient le caducée et montre un rouleau de musique sur lequel l'Amour cherche à lire.

En face du précédent :

2. *La Sincérité* [1]. — Toile chantournée. — Mêmes dimensions que le n° 1. — *Signé :* TRÉMOLLIÈRES, 1737. Exposé en 1737.

La Vérité, nue, tient son miroir de la main gauche et étend l'autre sur plusieurs gros volumes. Devant elle un Amour regarde un livre ouvert; on lit sur un des feuillets : *Les Caractères de Théophraste,* et sur un autre : *La Sincérité.* A droite, deux autres Amours.

Au fond de la pièce, à droite :

3. *Castor et Pollux.* — Toile chantournée. — Mêmes dimensions que les précédentes. — *Signé :* CARLE VAN LOO. Exposé en 1737 sous cette dénomination : *Amitié de Castor et de Pollux.*

Les deux frères, en cuirasse, au milieu des nuages, se donnent la main. A leurs pieds, à droite, un chien.

En face du précédent :

4. *Le Secret et la Prudence.* — Toile chantournée. — Mêmes dimensions que les précédentes. — *Signé :* RESTOUT. Exposé au Salon de 1737.

Une femme portant un caducée à la main sur l'épaule d'une autre femme étendue vers la droite, le sein nu. Dans le fond, une statue et un arbre; sur le devant, un chien.

---

[1] Ce tableau a besoin de grandes précautions et même d'une restauration. Il s'écaille.

On remarque dans cette pièce aux quatre angles de la corniche quatre figures où l'on peut reconnaître *Vulcain*, *Cybèle*, *Neptune* et *Amphitrite*.

SIXIÈME SALLE DU MUSÉE.

Au fond de la pièce :

Grande composition allégorique, dite *Tableau des Jésuites.* — H. 3^m,10. — L. 6^m,45.

Ce tableau offre peu d'intérêt au point de vue de l'art, mais a une certaine importance historique. Il fut saisi, lors de la suppression de l'Ordre, dans le collége de Billom, en Auvergne; on le déposa au greffe du Parlement comme pièce à conviction. En voici le sujet : un puissant navire, monté par des moines et surtout par des jésuites, vogue à pleines voiles vers le port du salut, en traînant à sa remorque de petites barques chargées de prêtres, d'évêques et même de cardinaux, parmi lesquels on distingue un roi et un pape. Une inscription placée au haut du tableau indique le sujet. Elle est ainsi conçue : *Typus religionis.* Des légendes, tracées en gros caractères, expliquent le sens des diverses scènes.

Ce tableau paraît dater du milieu du dix-septième siècle. On prétend reconnaître parmi les apostats précipités dans la mer par les jésuites le portrait de Henri IV. Gravé sans nom de graveur, avec cette inscription dans la marge inférieure : « Estampe du tableau trouvé dans l'église des ci-devant soi-disant Jésuites de Billom en Auvergne, l'an 1762; voyez le compte rendu aux chambres assemblées des colléges de Clermont-Ferrand et Billom, le 15 juillet 1763. » Il existe deux estampes de dimensions différentes avec la même légende. La plus petite mesure 0^m,53 sur 0^m,26 de haut.

Le procès-verbal de la saisie de ce tableau, daté du 16 décembre 1762, a été publié dans le *Musée des Archives nationales*, Paris, Plon, 1872, sous le n° 1030, p. 606.

Dans cette salle du Musée, les angles de la corniche ont pour motif de décoration un grand chiffre enlacé contenant les initiales *S R* des Rohan-Soubise, qu'on retrouve souvent dans la décoration des panneaux. On connaît, par des gravures de Mariette, le nom du sculpteur en bois à qui l'on doit les décorations d'une partie de l'hôtel. Il s'appelait Harrin et prenait le titre de sculpteur du Roi.

PEINTURES

DÉPLACÉES ET CONSERVÉES DANS UN SALON PLACÉ A CÔTÉ DU SALON OVALE DU REZ-DE-CHAUSSÉE.

Six dessus de porte :

1. *Paysage.* — Toile chantournée. — H. 0^m,84. — L. 1^m,40. — *Signé :* F. Boucher.

Au premier plan coule un ruisseau traversé par deux ponts, l'un de bois, l'autre de pierre. De l'autre côté du ruisseau, deux vaches. A gauche, un berger et une bergère; leurs moutons paissent auprès d'eux. Derrière, quelques maisons et une tour ronde à toit très-bas, un saule et autres arbres au milieu. Soleil couchant.

2. *Paysage*, pendant du précédent. — Toile chantournée. — H. 0,84. — L. 0^m,36. — *Signé :* Trémollières, 1738.

Au bord d'une rivière coupée par un barrage formant cascade, un pêcheur vient de prendre un poisson avec sa ligne et le met dans un panier. Deux femmes, entourées de moutons, le regardent. A droite, une statue encadrée de verdure. Lointain montagneux.

3. *Diane désarmant l'Amour.* — Toile chantournée. — H. 0^m,64. — L. 1^m,34. — *Signé :* Trémollières[1], 1737. Exposé au Salon de 1737.

La déesse, vue à mi-corps, enlève l'arc et les flèches de l'Amour endormi et représenté sous les traits d'un enfant couché à droite.

4. *Apollon enseignant à l'Amour à jouer de la lyre*, pendant du tableau précédent. — Toile chantournée. — H. 0^m,64. L. 1^m,34. — *Signé :* Restout, 1737.

Le dieu, assis sur un nuage, montre à jouer de la lyre à un Amour placé à gauche.

5. *Phébus et Borée*, sujet tiré de la fable de la Fontaine. — Toile chantournée. — H. 1^m. — L. 1^m,33. — *Signé :* Restout, 1738. Exposé au Salon de 1738.

Le voyageur, à cheval, serre autour de lui son manteau que Borée s'efforce de lui enlever. A droite, devant un fond de montagnes, on voit un navire sombrer.

6. *Mercure présentant des haches au bûcheron*, sujet tiré de la fable de la Fontaine, pendant du tableau précédent. — Toile chantournée. — H. 1^m. — L. 1^m,33. — *Signé :* Carle van Loo.

Mercure descend du ciel et montre la hache d'or au bûcheron.

---

[1] Dargenville parle de deux autres peintures de Trémollières qu'il appelle des *Caprices* et qui n'existent plus.

Dans une salle réservée aux archives de la commission de l'Exposition universelle de 1867 est conservée une grande aquarelle représentant la

Vue à vol d'oiseau de l'ensemble de l'Exposition et des jardins qui en dépendaient. — Signée : Eug. Cicéri et Ph. Benoist, 1867. — Exposée au Salon de 1872. — H. 2ᵐ,45. — L. 1ᵐ,35.

Notons enfin que les anciens historiens et *Guides* de Paris, et Boffrand lui-même, indiquent dans les appartements de l'hôtel Soubise d'autres tableaux que ceux qu'on vient de décrire, notamment des portraits; mais il n'existe plus que ceux qui sont signalés ci-dessus.

Toutes les boiseries de l'hôtel n'ont pas, comme celles du premier étage, conservé leur ancienne disposition. On garde en magasin des panneaux sur lesquels sont sculptés plusieurs sujets des fables de la Fontaine. Sur d'autres, on lit la devise des Soubise : *Sine macula macla,* avec la macle qui figure dans leurs armes.

MOBILIER.

DERNIÈRE SALLE DU MUSÉE.

Table droite de 1ᵐ,03 de profondeur sur 2ᵐ,15 de largeur et 0ᵐ,81 de hauteur, en citronnier, de la fin du règne de Louis XIV.

Décorée aux angles et sur les quatre faces de cuivres dorés, portant autrefois les emblèmes royaux, qui ont été remplacés sous la Révolution par des bonnets phrygiens. Les médaillons des quatre faces représentent un faisceau de licteur surmonté du bonnet. Les pieds imitent grossièrement un pied de bouc fendu, presque méconnaissable, et qui donne la date approximative du meuble.

Sur cette table, qui se trouvait aux Tuileries dans le local occupé par le comité de salut public, fut, dit-on, étendu Robespierre blessé quand on le transporta de l'Hôtel de ville au comité de salut public, dans la nuit du 9 au 10 thermidor.

Modèle en relief de la Bastille, exécuté par le patriote Palloy.

Un modèle semblable fut adressé à tous les départements; on en rencontre encore souvent dans les dépôts d'archives ou dans les musées de province. Autour de celui-ci est attaché une série de clefs de toutes formes et de toutes dimensions, provenant de la Bastille.

Deux Fauteuils en chêne du dix-septième siècle.

Placés à l'entrée des dépôts, ces fauteuils proviennent du Parlement, où ils servaient de sièges aux conseillers.

CABINET DU DIRECTEUR.

Table-bureau en bois noir et écaille, avec incrustations de cuivre, forme rectangulaire. — H. 0ᵐ,80. — L. 1ᵐ,80. — Profond. 0ᵐ,92.

Les angles sont décorés de bronze doré; sous la garniture de cuivre qui forme le bord de la table, têtes de faunes à longues barbes; les pieds de la table, de forme contournée, se terminent par des pieds de bouc en bronze doré. Le tiroir du milieu s'ouvre dans une gorge profonde qui se rattache à la face antérieure par des enroulements de bronze doré.

Ce meuble paraît avoir été exécuté sous Louis XIV, à la manufacture des meubles de la Couronne, établie aux Gobelins.

Il est venu du Louvre aux Archives, en 1848, avec la Secrétairerie d'État.

Horloge Louis XV en bois d'amarante et ornements de cuivre doré.

CABINET
DU CHEF DE LA SECTION DU SECRÉTARIAT.

Bureau à cylindre. — H. 1ᵐ,18. — L. 1ᵐ,34. — Profond. 0ᵐ,75.

L'extérieur est en bois de rose encadré de filets d'ébène et de houx, le tout entouré de bois d'amarante et de bois satiné, avec cuivres dorés sur les rampants et le long des pieds; ces derniers se terminent par des griffes de lion en bronze doré. Le tiroir central de la face principale est orné d'un rinceau garni de rubans, reliés les uns aux autres.

Le cylindre s'ouvre seul, au moyen d'un contre-poids sur un demi-tour de clef.

Signé à gauche, deux fois, sous le meuble, avec un poinçon à froid : J. H. RIESENER.

Ce meuble a été apporté du Louvre aux Archives avec la Secrétairerie d'État, en 1848.

Cartel en bronze doré, époque Louis XVI. — H. 0ᵐ,65. — *Signé :* LEPAUTE, A PARIS.

CABINET
DU CHEF DE BUREAU DE LA SECTION ADMINISTRATIVE.

Pendule en bronze, époque Louis XVI. — H. 0ᵐ,57. — L. 0ᵐ,90.

Sur un socle qui porte la marque F

(surmontée d'une couronne), nᵒ 24. une femme assise à gauche tient de la main une couronne au-dessus du cadran qu'encadrent deux branches de laurier réunies par un nœud. A droite un génie, ailé et debout, ayant une pile de livres à ses pieds, écrit avec un crayon sur une feuille de papier déroulé sur un tabouret.

CABINET

DU CHEF DE LA SECTION JUDICIAIRE.

Table-bureau en bois de rose plaqué. — H. 0ᵐ,75. — L. 1ᵐ,75. — Prof. 0ᵐ,90.

Elle est garnie de cuivres dorés de style rocaille, aux angles le long des pieds; de chaque côté des serrures et des poignées des tiroirs.

Trois tiroirs s'ouvrent de chaque côté de la table.

CABINET

DU CHEF DE LA SECTION HISTORIQUE.

Bureau en acajou garni de bronzes de l'époque Louis XIV. — H. 0ᵐ,80. — L. 1ᵐ,78. — Profond. 0ᵐ,90.

Le haut des pieds est orné de têtes de femmes se terminant en rinceaux. Les deux côtés sont décorés de têtes couronnées de rayons. Le tiroir du milieu s'ouvre dans un renfoncement qui se rattache aux deux côtés par de larges rinceaux de cuivre.

Pendule Louis XV en vernis Martin. — H. 0ᵐ,53.

Elle est décorée de bronzes genre rocaille, signée : BOUCHET, *horloger du Roy*, sur un socle de même genre.

ARMOIRE DE FER

Ce meuble fut exécuté sur les ordres de la Constituante; il était destiné à renfermer les planches des assignats. Ce n'est donc point là, comme certaines personnes le croient, l'armoire secrète que Louis XVI exécuta lui-même avec l'assistance du serrurier GAMAIN.

L'armoire de fer renferme aujourd'hui les étalons des poids et mesures, l'état civil des familles princières et plusieurs documents ou objets particulièrement précieux. Elle est fermée par une porte en bois exécutée récemment et par deux portes en fer à serrures très-compliquées. Sur la serrure de la première porte de fer, on lit cette signature : « *Fecit J. Henry Koch, le 15 février 1791.* »

Sur la serrure de la porte intérieure a été gravée cette inscription : « *Serrure à la nou-*

relle constitution, faite par Pommera, Mⁿᵉ Sʳ, à Paris. — Seule en fᵉʳ 1791. »

Les pannetons et les anneaux des clefs de l'armoire de fer sont curieusement travaillés.

Voici la liste des objets les plus curieux déposés dans ce meuble :

1ᵒ SCEAUX ET MATIÈRES PRÉCIEUSES.

Sceau d'or du roi Henri VIII, appendu à la ratification du traité d'Amiens (18 septembre 1527), cahier en parchemin, dont la première page est ornée d'un encadrement de fleurs peintes presque effacées. Poids, 724 grammes. — Diam. 0ᵐ,094.

Ratification du traité de Camps, entraînant la restitution de Boulogne à la France (17 juillet 1546). — Miniature. — H. 0ᵐ,35. — L. 0ᵐ,20.

La première page est encadrée de deux cariatides de femmes sur les côtés, d'une base ornée de deux figures et d'une corniche au milieu de laquelle une femme debout présente des branches de laurier. La lettre initiale H, richement décorée, porte au centre un portrait en miniature gouachée de Henri VIII, dont on ne voit que la tête.

Ratification du traité de Boulogne (25 mai 1550). — Miniature. — H. 0ᵐ,32. — L. 0ᵐ,21.

La première page est ornée d'un encadrement doré avec médaillons représentant différents sujets : vue d'une ville (Boulogne?), etc., et une femme symbolisant la Paix. La lettre initiale E porte au milieu le portrait en miniature d'Édouard VI, roi d'Angleterre, en buste, avec toque et habit rouge décoré de broderies dorées.

Sceau d'or de Ferdinand II, composé d'une mince feuille d'or sur un sceau de cire très-épais, appendu au traité de Munster (1648). — Diam. 0ᵐ,10.

Lepelletier de Saint-Fargeau, en buste, avec perruque, cravate négligemment nouée, habit à collet. — Intaille sur cornaline encadrée d'un cercle d'or pendant à un anneau. — H. 0ᵐ,03. — L. 0ᵐ,22. — *Signée :* SIMON.

Marat, en buste, coiffé d'un mouchoir, la chemise ouverte sur le cou. — Intaille sur cornaline encadrée d'un cercle d'or pendant à un anneau. — H. 0",03. — L. 0",22. — *Signée :* SIMON.

Ces deux pierres furent offertes par l'auteur à la Convention nationale.

Louis XVI à cheval, avec cette légende : *Roi des Français, restaurateur de la liberté française. Tolosa.* — Médaille en ivoire. — Diam. 0",04.

La figure équestre du Roi est en bas-relief, la légende tracée à l'encre. Au revers, les armes royales en relief dans un cercle. Autour la légende suivante, tracée à l'encre : « *Dieu, l'Assemblée nationale, la Loi et le Roi.* » Seconde légende intérieure.

Mirabeau, gravé au trait sur une plaque d'acier poli enfermée dans un cadre de cuivre doré. — Diam. avec le cadre, 0",074. — PELLETIER, 1791.

Au bas du buste du personnage, on lit : « *Eloquentia, fidelitate, doctrina mirabilis.* »

Louis XVI, double portrait affronté, gravé au trait, en buste, sur une plaque d'acier poli enfermée dans un cadre de cuivre doré. Sous ce double buste on lit : « *Utroque bonus aspectu.* — FECIT F. PELLETIER 1791. »

Médaille d'or frappée en mémoire de l'abandon des privilèges (4 août 1789). — — Diam. 0,063.

Légende : *Abandon de tous les privilèges,* signé : GATTEAUX. Face : portrait de Louis XVI, signé : B. DUVIVIER s.

Médaille d'or frappée en mémoire de la séance de l'Assemblée des électeurs de Paris (17 juillet 1789). — Diam. 0,045. — *Signée :* DUVIVIER.

Face : tête de Louis XVI; revers : allégorie.

Médaille frappée à l'occasion de la naissance du duc de Normandie (27 mars 1785). — Mod. 0",041. — *Signé sur la face :* B. DUVIVIER.

Quatre médailles d'or offertes à l'armée d'Italie, en souvenir de ses victoires, en vertu de différentes lois, et déposées aux Archives par le général Bonaparte, le 15 germinal an VI. — Mod. 0",043. — *Signé :* LAVY.

— *Signé :* LAVY.

Combats de Millesimo et de Dego. — Bataille de Castiglione et combat de Peschiera. — Passage du Tagliamento, prise de Trieste. — Reddition de Mantoue.

Médaille en platine en mémoire de la paix de Campo-Formio (les Sciences et les Arts reconnaissants). — Mod. 0",055. — *Signé :* B. DUVIVIER.

Médailles d'or frappées en mémoire de la pose de la première pierre de la colonne nationale sur la place de la Concorde, par Lucien Bonaparte. — Mod. 0,055 et 0,041.

Ces médailles, de deux modèles différents, reproduisent les mêmes types et légendes. Elles furent frappées le 14 juillet 1800, par arrêté du 29 ventôse an VIII.

Médaille d'or de la proclamation de l'Empire (an XIII). — Mod. 0",026.

Face : DENON D., DROZ F. Revers : DENON D., GALLE F.

Médaille d'or de la naissance du roi de Rome (deux exempl.). — Mod. 0",015. — *Signée :* ANDRIEU F.

Prix d'agriculture fondé par G. T. Raynal. — Médaille d'argent. — Mod. 0",032. — Gravée par DUPRÉ.

A la mémoire de Bailly. — Médaille d'argent. — Mod. 0,032 (n° 4). — Gravée par LIÉNARD (an IX).

A la Fayette. — Médaille d'argent. — Mod. 0",032 (n° 5). — Gravée par LIÉNARD (an IX).

A la mémoire du général Desaix. — Médaille d'argent. — Mod. 0",032 (n° 3). — Gravée par LIÉNARD (an IX).

A la mémoire du général Kléber. — Médaille d'argent. — Mod. 0",032 (n° 2). — Gravée par LIÉNARD (an IX).

Au général Buonaparte. — Médaille d'argent. — Mod. 0",032. (Non signée.)

Au général Buonaparte, avec cette légende : *All' Italico.* — Médaille d'argent. — Mod. 0",047. — *Signée :* VASSALLO F.

A Bonaparte Premier Consul. — Médaille d'argent. — Mod. 0",32. (Non signée.)

*Médaille frappée le 14 juillet 1800, par arrêté du 29 ventôse an VIII, en mé*moire de la pose de la première pierre de la colonne départementale élevée sur la place Vendôme. — Médaille d'argent. — Mod. 0",059. — *Signée :* GATTEAUX.

Proclamation de la république Cisalpine. Médaille d'argent. — Mod. 0ᵐ,051. — *Signée :* face, LAVY ; revers : A. APP. INV. — L. F.

Bataille de Marengo. — Médaille d'argent. — Mod. 0ᵐ,049. — *Signée :* BRENET. N. AUGUSTE

Aux trois consuls Bonaparte, Cambacérès et Lebrun, en vertu d'un arrêté du 30 floréal an X. — Médaille d'argent. — Mod. 0ᵐ,068. — *Signée :* JEUFFROY.

Paix de Lunéville (20 pluviôse an IX). — Médaille d'argent. — Mod. 0ᵐ,042. — *Signée :* ANDRIEU F.

Proclamation de l'Empire. — Médaille d'argent. — Mod. 0ᵐ,33.

Même type et mêmes signatures que la médaille d'or frappée sous la direction de Denon, indiquée plus haut.

Louis XVIII. — Médaille d'argent. — Mod. 0ᵐ,04. — *Signée :* face, ANDRIEU F.; revers, BRENET.

Sacre de Charles X (29 mai 1825). — Médaille d'argent. — Mod. 0ᵐ,05. — GAYRARD F.

Louis-Philippe, Chambre des pairs. — Médaille d'argent. — Mod. 0ᵐ04. — *Signé :* CAQUÉ F.

Louis-Philippe, Chambre des pairs. — Médaille d'argent. — Mod. 0ᵐ,05. — *Signé :* PETIT F.

Médaille d'argent frappée en souvenir de l'agrandissement de l'hôtel des Archives (3 octobre 1838). — Mod. 0ᵐ,05. — *Signé :* BARRE Iᵉʳ.

Médaille de Franklin. — Par DUPRÉ.

Médaille patriotique en étain, dédiée à la Nation et au Roi. — Diam. 0ᵐ,075.

La face porte un profil de Louis XVI entouré d'étoiles et de rayons, avec ces mots en exergue : « *Louis XVI, restaurateur de la liberté françoise et le véritable ami de son peuple.* » Sur le revers, on voit une femme assise près d'un globe fleurdelisé et surmonté de la couronne royale. Elle tient de la main droite une pique surmontée du bonnet phrygien, et, de la gauche, le bouclier avec la tête de Méduse. En exergue : « *Salut et régénération de la France par l'Assemblée nationnle en 1789 et 1790.* » Sur la planche de bois à laquelle les deux côtés de cette médaille sont fixés se lit une longue inscription de l'époque (1790).

2° OBJETS ET B

Deux épingles d'or présentées au Corps des Irlandais, le (1792).   arpes, Union, an VI

L'une est surmontée l'autre porte ces mots : ygien,

Anneau de la fédérati portant la formule par le Roi : « *Je jur fidéle à la nation,*   AP. 1790) prêté amais

Deux L. enlacés en arg d'un bijou aujourd'   partie

3° MONNAIES ET ESS

Un écu de six livres, *Une pièce de trente so* *Une pièce de quinze so* *Une pièce de deux sols* *Une pièce de douze de*   ES.

Ces pièces furent plac tution de 1791, dans colonne de la Liberté, de la et brisées par décret du

Pièces d'essai de cinq centimes de l'an II *Écu de six livres de la* *pine* (an VIII). *Pièce en argent de tre publique Cisalpine (a ré-*   jousti- stille, cinq (A). Cisal-

4° CLE

Deux grandes clefs 0ᵐ,36 de longueur.   de

L'anneau de l'une est de lis ; celui de la second fleur royale. — Provenance in'onne

Quarante-huit clefs Rhin conquises par caise pendant la Révé   du ran-

Cinq clefs en fer, de l'A Vingt-sept clefs en fer, Cadenas en fer, de la Deux clefs en argent, par une chaîne de   ris. meuble

panneton on lit l'inscription suivante gravée en creux : GAUTIER A CAEN.

5° TIMBRES, SCEAUX, COINS ET CACHETS.

Matrice du sceau de l'Académie des Inscriptions et médailles, 1701.

Matrice du sceau de la grande vénerie de France.

Cachet de la régie des droits domaniaux.

Timbre humide « Régie du Roy sur les toiles ».

Timbre humide « Controlle des toiles ».

Timbre humide « Auneurs de toiles » 1696. Ville de Paris (v. p).

Matrice du sceau de l'Agence du domaine national de Paris.

Trois cachets du comité de salut public, deux ovales, un rond.

Timbre humide du comité de salut public.

Deux cachets du comité de division.

Sceau du directoire exécutif, octogone, au génie ailé.

Cachet du directoire exécutif, rond.

Huit cachets ovales du directoire exécutif.

Sceau du directoire exécutif, octogone, République assise. *Signé : Sus v.*

Timbre humide du directoire exécutif.

Timbre humide cassé du directoire exécutif, avec la date « 18 brumaire ».

Cette date se changeait chaque jour; celle du 18 brumaire est la dernière qui ait été composée et fondue pour les besoins du service.

Cachet ovale du Tribunal révolutionnaire.

Timbre humide ovale des archives du Tribunal révolutionnaire.

Cachet ovale du Bulletin décadaire (ans VI et VII).

Matrice du grand sceau rond de la haute cour de justice.

Deux cachets ovales de la haute cour de justice.

Deux timbres humides ovales de la haute cour de justice.

Cachet rectangulaire trouvé chez Babeuf, avec l'inscription : « Salut public » sous un niveau.

Timbre humide de la haute cour de justice, portant ces mots sur une seule ligne :

Cachet des trois consuls.

Cachet du premier consul.

Cachet du secrétaire général des consuls.

Matrice du grand sceau impérial pendant les Cent-Jours. (Face et Revers.) *Signé :* Brevet v. — Dexon d.

Deux cachets ronds du ministre secrétaire d'État.

Matrices du grand et du petit sceau du cardinal Caprara.

Sceau du grand-duc de Berg aux initiales G. D. B.

Petit sceau impérial, employé dans le grand-duché de Berg.

Deux timbres humides ronds de la secrétairerie d'État du grand-duché de Berg.

Un timbre humide, portant ces mots en cursive : « Ministre et Sr d'État du grand-duché de Berg. »

Sceau rond du Tribunal, signé : Merche Marchand.

Deux cachets ovales de la chancellerie du Sénat conservateur (République).

Un timbre humide ovale de la chancellerie du Sénat (République).

Sceau rond du Sénat sous la République (an VIII). *Signé :* R. Demarest.

Cachet ovale du secrétariat général du Sénat (République française).

Timbre humide du secrétariat du Sénat (République française).

Deux timbres humides des commissions sénatoriales de la liberté de la presse et de la liberté individuelle.

Cachet ovale de la chancellerie du Sénat (Empire).

Timbre humide rond de la chancellerie du Sénat (Empire).

Deux timbres humides : « Sénat conservateur » — « Chancellerie du Sénat ».

Cachet et timbre humide ronds de la Chambre des pairs.

Sceau de la Chambre des pairs sous Louis-Philippe. Signé : T. Tiolier.

Deux timbres humides longs : « Chancelier de France » — « Le grand référendaire ».

Deux cachets ronds de la Cour des pairs et du procureur général de ladite Cour.

Un cachet et un timbre humide de la Cour des pairs. Au centre on lit : « Maison de justice ».

Sceau rond des Archives sous Louis XVI, en argent.

Sceau rond des Archives — section judiciaire (après 1830).

Sceau rond des Archives — section judiciaire (Empire).

Timbre humide ovale du bureau du triage des titres.

Sceau rond des Archives sous la République, en argent.

Cinq sceaux ronds, deux grands et trois petits, des Archives (Empire).
Sceau rond des Archives (Restauration).
Deux sceaux ronds des Archives (Louis-Philippe).
Cachet et timbre humide ronds du garde général des Archives.
Deux timbres humides ovales : « Archives impériales » — « Archives du gouvernement ».
Timbre humide rond du ministère de la justice : « Section, galerie du Louvre. »
Cachet ovale des Archives : « Ministère de la Maison du Roi. »
Timbre humide : « Archives de la Maison du Roi. »
Cachet rond du gouvernement provisoire.
Deux cachets ronds aux armes royales du ministère du conseil privé et du ministre secrétaire du conseil privé.
Deux cachets ronds de la secrétairerie du conseil privé.
Cachet ovale et timbre humide rond de la secrétairerie des conseils.
Timbre humide ovale : Secrétairerie des conseils.
Cachet ovale, aux armes royales, du ministère de la justice.
Timbre humide rond de l'ancienne secrétairerie d'État, après 1830.
Cachet ovale en argent aux armes d'Orléans, provenant du cabinet de la reine Marie-Amélie.
Timbre humide rond du Bureau des pétitions.
Timbre humide rond : « Bureau des secours, 2ᵐᵉ section. »
Timbre humide ovale : « Service du Roi. »

6° CACHETS DIVERS.

Cachets des comités des pétitions et de correspondance.

Tous ces cachets sont ovales, à moins d'indication contraire.

Cachet du Comité de l'Instruction publique.
Cachet du Département de la Seine, Archives.
Cachet du Département de Paris.
Cachet de l'Agence temporaire des titres, n° 4.
Cachet du Comité de Division.

Cachet du Comité de Législation.
Cachet de la Commission centrale.
Cachet de l'Encan national.
Cachet de la Commission pour la rédaction des lois.
Cachet de la Direction générale des assignats.
Deux cachets du comptage du papier assignat.
Cachet de la fabrication des papiers assignats.
Cachet du Comité de salut public (quatre cachets; deux types différents, un rond).
Cachet du Directoire exécutif (quatre cachets de types différents; un de ces cachets est rond).
Cachet du Comité des Cinq-Cents.
Deux cachets de la haute Cour de justice.
Deux cachets de Bonaparte, premier consul.
Cachet des Consuls de la République.
Cachet du ministère de la Maison du Roi.
Cachet des Archives de la Couronne (en argent).

MAGASINS.

BUSTES, PORTRAITS, SCULPTURES.

Napoléon Iᵉʳ. — Buste. — Bronze, sur une plinthe de marbre. — H. 0ᵐ,60. — L. 0ᵐ,28. — Portant sur la face antérieure l'inscription : « NAPOLÉON. »

Dans un cartouche sur le côté gauche on lit : « *Eck et Durand fʳˢ* 1830. » *Signé* sur la face antérieure : CHAUDET F.

Louis-Napoléon. — Buste. — Bronze, sur piédouche carré. — H. 0ᵐ,85. — L. aux épaules 0ᵐ,64.
Sous le buste on lit les lettres L. N.; à droite, la signature A. BARRE Fˡ, 1852.

Il est représenté en uniforme de général, avec le grand cordon.
A gauche, le nom du fondeur : *Patry fil.*

Napoléon III. — Buste. — Bronze. — — H. 0ᵐ,60. — L. 0ᵐ,32. — *Signé à droite :* A. BARRE Fˡˢ.

Sous le buste, on lit dans un cartouche l'inscription : « NAPOLÉON III, 1852. »
A gauche, le nom du fondeur : *Patry fil.*
Les Archives possèdent deux exemplaires absolument semblables de ce buste, qui n'est que la répétition du précédent; seulement, ici le cou est nu, tandis que le président de

la République était habillé en général de division.

Louis XVIII. — Buste. — Plâtre bronzé, sur piédouche rond. — H. 0ᵐ,70. — L. 0ᵐ,55. — *Signé derrière :* BEAROL- LEAU.

Il est représenté en uniforme de général, avec le grand cordon, les décorations et un jabot.

Louis XVIII. — Buste. — Plâtre bronzé sur piédouche rond. — H. 0ᵐ,50. — L. 0ᵐ,45. — *Signé sous le bras droit :* LAITIÉ.

Il est représenté en uniforme de général, avec décorations, mais sans jabot.

Charles X. — Buste. — Plâtre bronzé, sur piédouche rond. — H. 0ᵐ,50. — L. 0ᵐ,45. — *Non signé.*

Il est représenté en uniforme de général, avec le grand cordon et les décorations.

Louis-Philippe Ier. — Buste. — Plâtre bronzé sur piédouche rond. — H. 0ᵐ,85. — L. 0,65. — *Signé :* L. V. BOUGRAN, 1830.

Il est représenté en uniforme de général, avec le grand cordon.

Louis-Philippe Ier. — Buste. — Plâtre bronzé. — H. 0ᵐ,73. — L. 0ᵐ,42. — *Signé à gauche :* J. PRADIER.

Les Archives possèdent un double exemplaire du même buste en plâtre non bronzé.

L'impératrice Eugénie. — Buste. — Plâtre sur piédouche rond. — H. 0ᵐ,85. — L. 0ᵐ,50. — *Signé :* J. POLLET, 1857.

Elle est représentée avec le diadème, robe décolletée ; le manteau d'hermine passé sur l'épaule droite.

Delarue, ancien directeur des Archives. — Buste. — Plâtre. — H. 0ᵐ,57. — L. 0ᵐ,33. — *Non signé.*

A. G. Camus, ancien directeur des Archives, né à Paris, le 2 avril 1740 ; mort à Paris, le 2 novembre 1804. — Toile. — H. 0ᵐ,80. — L. 0ᵐ,62 — *Signé :* LOUISE EUDES DE GUIMARD.

A mi-corps, la tête presque de face, un peu tournée vers la gauche, couverte de rares cheveux blancs frisés ; habit d'académicien à broderies vertes ; gilet bordé de vert avec jabot.

Ce portrait a été remis aux Archives nationales le 27 février 1860, par M. Taupier, gendre de M. Boicervoise, décédé le 28 mai 1859, en vertu de la disposition suivante du testament de M. Boicervoise, en date du 8 septembre 1858 : « Je donne et lègue aux Archives impériales le portrait de M. Camus, mon aïeul, archiviste de 1789 à 1804. J'ai fait faire ce portrait avec cette destination pour honorer sa mémoire. ».

Pierre Corneille. — Statuette. — Plâtre bronzé, sur socle de bois doré. — H. 0ᵐ,55. — L. 0,35. — *Par J. J. CAF- FIERI.*

Répétition de la statuette en terre cuite exécutée d'après le marbre de l'Institut pour la manufacture de Sèvres, où elle est encore conservée.

Sur la plinthe, on lit : « *Pierre Corneille. — Fait par J. J.* CAFFIERI, *1770* », et sur le dos du fauteuil, l'inscription suivante gravée dans le plâtre par l'auteur lui-même : « *Donné à l'Académie française par M.* CAFFIERI, *sculpteur du Roi et professeur de son Académie. 1785.* »

Voltaire.

Rousseau. — Statuettes. — Plâtre peint en vert ; — H. 0ᵐ,38.

Les deux écrivains sont debout, se promenant et tenant leur canne.

Hoche. — Buste. — Biscuit blanc sur piédouche rond en biscuit bleu. — H. 0ᵐ,32 avec piédouche, et 0ᵐ,22 sans piédouche. — L. 0ᵐ,17.

Sur le côté droit de la plinthe, on lit : « *Manufre de porcelaine du Cⁿ* NAST, *rue des Amandiers, dⁿ Popincourt.* »

Allégorie. — Groupe. — Marbre. — H. 0ᵐ,80. — L. 0ᵐ,63. — *Signé sur le côté droit du socle :* CAMILLO PACETTI s.

Un homme qui n'a pour tout vêtement qu'une draperie posée sur l'épaule gauche et ramenée sur le bras droit, auquel l'artiste semble avoir voulu donner les traits de Napoléon Ier, est debout près d'un autel. Il étend la main droite pour saisir un papillon posé sur le front d'une femme coiffée d'une couronne murale. Cette femme est assise sur un rocher, duquel s'échappe un cheval marin.

Ce groupe repose sur un socle de marbre noir, sur lequel se détache en lettres de cuivre de relief l'inscription suivante :

Lo suppose la favola,
Lo narrera la storia.

Sur le côté droit du socle est gravée cette autre inscription :

Arborio di Breme I nel MDCCCVII,

et la signature citée plus haut.

Scène historique. — Groupe. — Marbre. — H. 1^m,10. — L. 0^m,70. — *Non signé.*

Un homme, en costume du quinzième siècle, tient sur son bras gauche et semble emporter en toute hâte, en se défendant avec une épée qu'il tient de la main droite, un enfant dont la longue robe flottante traîne à terre. On assure que ce groupe représente l'*Enlèrement du dauphin Charles, par Tanneguy-Duchâtel.* — Sculpture du temps de Louis-Philippe Ier.

Marat. — Intaille sur cornaline. — H. 0^m,03. — L. 0^m,025. — *Signée :* Simon.

L'Ami du peuple, de profil, tourné vers la droite, a la tête couverte d'un mouchoir noué sur le haut, la chemise ouverte sur la poitrine.

Le Pelletier Saint-Fargeau. — Intaille sur cornaline. — H. 0^m,03. — L. 0^m,025. — *Signée :* Simon.

Il est de profil, tourné vers la gauche, en perruque avec un habit croisé à haut collet, une large cravate négligemment nouée.

Ces deux pierres gravées furent offertes par l'auteur, élève de Guay, à la Convention nationale.

La Toilette de Psyché.
Le Coucher de Psyché.

Bas-reliefs. — Porcelaine dite de Wedgwood, sur fonds bleu clair, dans des cadres dorés. — H. 0^m,11. — L. 0^m,28. — *Non signés.*

Une de ces plaques est fendue en deux par le milieu.

Provenance inconnue.

Urn . — Albâtre. — Forme antique. — H. 0^m,15.

Cette urne fut, dit-on, faite pour recevoir les cendres du conventionnel Beauvais-Saint-Sauveur.

PLANCHES GRAVÉES.

On a réuni toutes les planches gravées qu'on a trouvées dans les anciens fonds d'archives déposés au palais Soubise. Cette collection comprend surtout des tableaux généalogiques, des armoiries et des cartes de géographie. Cependant, nous avons cru devoir dresser une nomenclature détaillée des planches les plus intéressantes, de celles surtout qui représentent des personnages ou des scènes historiques et allégoriques. Ces planches s'oxydent et réclament des soins que l'administration des Archives ne peut leur donner. N'y aurait-il pas intérêt à les transporter dans un dépôt public où elles seraient utilisées ? La plupart de ces planches sont en bon état et donneraient des épreuves très-satisfaisantes.

On n'indique ici que les planches de cuivre réunies au Secrétariat. On n'a pu se préoccuper de celles qui existent encore dans les cartons et qui n'ont pas été séparées des fonds d'archives dont elles dépendent.

SUJETS HISTORIQUES, ALLÉGORIES, ARCHÉOLOGIE.

Inauguration de la statue de Louis XI, *d'après le tableau de M. Machy, appartenant à …*[1]. — H. 0^m,41. — L. 0^m,66.

L'inscription a été grattée, et si l'on peut en lire le commencement, la fin a complétement disparu.

Prestation de serment du marquis de Dangeau entre les mains du Roi comme grand maître de l'ordre de Notre-Dame du Mont-Carmel et de Saint-Lazare, le 18 décembre 1695. — H. 0^m,265. — L. 0^m,385. — *Signée :* Ant. Pezey *inv.* — S. Le Clerc *fec.*

La scène se passe dans la chapelle de Versailles.

Le Roi passe le collier de l'ordre au cou d'un chevalier agenouillé devant lui. — H. 0^m,385. — L. 0^m,105. — *Signé :* N. Bocquet. — J. Nolin *sculp.*

La scène se passe devant un autel.

Portrait de Philippe de Courcillon, marquis de Dangeau, grand maître de l'ordre de Notre-Dame du Mont-Carmel et de Saint-Lazare. — H. 0^m,38. — L. 0^m,28. — *Signé :* P. Drevet *sculp.* — H. Rigaud *pinx.*

Vue de la maison de Boigny en 1699. — H. 0^m,185. — L. 0^m,25. — *Non signée.*

* *Vue de la maison de Boigny avant son restablissement*[2]. — H. 0^m,265. —

---

[1] Nous reproduisons autant que possible, en l'imprimant en caractères italiques, le titre même gravé sur la planche.

[2] Cette planche et celles qui suivent avec une * ont été gravées pour l'ouvrage qui porte ce titre : *Histoire des*

L. 0m,195. — *Signé :* CH. EISEN *direx.*
— DE LONGUEIL *sculps.* (p. 198).

* *Plaque tumulaire de F. P. Potier, dit Conflans.*—H. 0m,275.— L. 0m,21.— *Signée :* CH. EISEN *direx.* — C. BAQUOY *sculp.*

Une inscription occupe le milieu ; au bas, un gisant nu, les mains jointes, sur sa tête le livre et le calice.

* *La même dalle,* plus grande.—H. 0m,29. — L. 0m,185.—*Signée :* S. THOMASSIN, *sculptor Regius,* 1700.

Pierre tumulaire de Jehan de Paris, mort en 1349. — H. 0m,28. — L. 0m,17. — *Non signé.*

Il est couché habillé sous un dais d'architecture gothique.

Pierre tumulaire de Jacques de Baynes, mort en 1350.—H. 0m,28.—L. 0m,16. — *Non signé.*

Il est couché sous un dais d'architecture gothique.

* *Pierre tumulaire de Tomas de Sainville, mort en 1312.*—H. 0m,28.—L. 0m,18. — *Non signé.*

Il est couché sous un dais d'architecture gothique.

Répétition réduite de la planche précédente (2e époque, p. 153).—H. 0m,275. — L. 0m,21. — *Signé :* CH. EISEN *direc.* — C. BACQUOY *sculps.*

Monument élevé en l'honneur de saint Antoine. — H. 0m,30. — L. 0m,20. — *Signé :* S. THOMASSIN *sculptor Regius,* 1700.

Sa statue, entourée de petits cochons, est placée au-dessus d'une longue inscription gothique par Ph. Pothier, dit Conflans.

* *Répétition réduite de la planche précédente.* — H. 0m,27. — L. 0m,205. — *Signé :* CH. EISEN *direc.* — DE LONGUEIL *sculps.* (p. 373).

* *La Foi, tenant une croix d'une main et une épée de l'autre, protège des malades en fixant ses regards sur un écusson aux armes de France et de Dauphiné.* — H. 0m,27. — L. 0m,21. — *Signé :* CH. EISEN *del.* — E. DE GHENDT *sculp.*

Personnage en costume Louis XI', avec le grand cordon, dans un cadre ovale. —H. 0m,275.—L. 0m,21. — *Signé :* CH. EISEN, *inv.* — MASSARD, *sculp.*

Le fond est orné de fleurs de lis et des initiales A. M.

Réception d'un chevalier — H. 0m,275.— L. 0m,21.—*Signé :* CH. EISEN *direx.*— C. BACQUOY *sculp.*

Au bas, on lit : *Deuxième époque. — Réception d'un chevalier commandeur par la supérieure maîtresse de Seedorf (?).*

Ce même sujet se trouve exactement reproduit sur une autre planche.—H. 0m,85. — L. 0m,145. — *Signé :* DUFLOS *f.*

Sceau de Louis-Auguste, Dauphin de France, grand maître de Saint-Lazare. — H. 0m,271. — L. 0m,21. — *Signé :* CH. EISEN *inv.* — C. BAQUOY *sculp.*

Neuf planches représentant des scènes militaires, des flottes et des assemblées.— H. 0m,08. — L. 0m,145. — *Signées :* L. DOUDAN, *sculps.*

Aucune d'elles ne porte de légende.

Trois scènes d'intérieur relatives à la fondation et aux cérémonies de l'ordre du Mont-Carmel.—H. 0m,08.—L. 0m,145. *Signées :* CH. DUFLOS, *f.*

L'une d'elles est la répétition exacte de la réception d'un chevalier par la supérieure de Seedorf, dessinée par Eisen, dont il est question plus haut.

Ces trois planches font partie de la même suite que les neuf gravées par DOUDAN, indiquées ci-dessus.

Plusieurs planches d'armoiries et de sceaux.

L'une d'elles est signée par THOMASSIN.

SCIENCES, BLASON, GÉNÉALOGIE.

Huit planches de géométrie, de physique, de mécanique et d'astronomie. — H. 0m,18. — L. 0m,18. — *Signées :* VIOTTE, *graveur du Roy, sculps.*

Elles proviennent des papiers du Sr Para. T 466 2.

Planches représentant les écussons des

ordres royaux, hospitaliers militaires de Notre-Dame du Mont-Carmel et de Saint-Lazare de Jérusalem, par M. GUYARD DE SURAT, de l'Académie royale des Inscriptions et Belles-Lettres, historiographe desdits Ordres. A Paris, de l'Imprimerie royale. MDCCLXXII, in-14.

maîtres de la chambre des comptes, à Blois.

Plusieurs planches d'armoiries et de sceaux.

Une d'elles est signée : THOMASSIN.

Abrégé chronologique de la fondation et histoire du collége de Boissy, avec la généalogie de la famille de ses fondateurs, MDCCXXIV. — Un titre, deux planches d'abrégé chronologique et dix-sept planches généalogiques gravées. — H. 0ᵐ,405. — L. 0ᵐ,26.

PLANS ET CARTES.

Carte topographique de la forest de Compiègne et ses environs. — H. 0ᵐ,39. — L. 0ᵐ,46. — N. MATIS, del. et sc. 1753.

Carte topographique de la forest de Marly avec ses environs, levée en 1768 et 1769, par Laseigne, géographe des bâtiments du Roy ; gravée par DUPUIS, architecte ; écrite par DROUET. — H. 0ᵐ,43. — L. 0ᵐ,76.

Carte de M. Danville du nord de l'Amérique. — *Carte de M. Buache où il a placé les prétendues découvertes d'un amiral de Fonte ou Fuentes. Sur la même planche de cuivre.* — H. 0ᵐ,41. — L. 0ᵐ,37.

Carte du lac de Nicaragua et de la rivière St Juan, sur laquelle on a marqué les deux passages proposés pour faire communiquer l'Océan à la mer du Sud. — H. 0ᵐ,33. — L. 0ᵐ,57.

Carte des monts Pyrénées depuis Bayonne jusqu'à Bagnères de Luchon, et depuis la frontière d'Espagne jusqu'à St-Sever, cap. de Gascogne, par M. de Laborde. — H. 0ᵐ,34. — L. 0ᵐ,57.

Carte des pays qu'occupe maintenant la mer Méditerranée depuis l'époque où l'Océan, séparant l'Afrique de l'Espagne, forma le détroit de Gibraltar et inonda les pays qui forment aujourd'hui cette mer, par M. de Laborde. — H. 0ᵐ,38. — L. 0ᵐ,70.

Carte pour servir au Voyage de M. Saugnier au Sénégal, dressée sur ses Mémoires, par M. de Laborde. — H. 0ᵐ,64. — L. 0,80.

Carte particulière du duché de Bourgogne,

levée géométriquement par ordre de MM. les Élus, etc..., faisant partie de la Carte générale de la France, levée par ordre du Roy et par les Ingénieurs géographes de Sa Majesté, sous la direction de MM. Cassini, Camus et de Montigny, de l'Académie des Sciences. — *Dressée et exécutée par le sᵉ Séguin, ingénieur géographe du Roy, en 1763.* — H. 0ᵐ,60. — L. 0ᵐ,58.,

La carte entière se composait de 16 planches ; on n'a ici que les planches portant les numéros 1, 4, 7, 10, 13.

Carte d'une partie de la Nouvelle-Hollande, de l'isle des Arsacides, découverte par Mrs de Bougainville, de Surville et Shortland, et de quelques autres côtes de la mer du Sud, par M. de Laborde, 1791. — H. 0ᵐ,99. — L. 0ᵐ, 59.

Carte de la côte nord-est de la mer du Sud, par M. de Laborde. — H. 0ᵐ,46. — L. 0ᵐ,89.

Carte pour servir aux Voyages de M. de Surville, capitaine de vaisseau, dressée sur ses Mémoires, par M. de Laborde. 1791. — H. 0ᵐ,60. — L. 0ᵐ,92.

Carte des détroits de Magellan et de Lemaire, dressée d'après celles des voyageurs français, anglais, espagnols, hollandais, et principalement d'après Mrs de Bougainville, Byron, Wallis et Carteret, par M. de Laborde, 1790. — H. 0ᵐ,45. — H. 0ᵐ,08.

Carte des isles de la Sonde et du détroit de Malaca, dressée sur les Mémoires de M. de Surville, capitaine des vaisseaux de la Compagnie, par M. de Laborde. — H. 0ᵐ,61. — L. 0,93.

Carte d'une partie de la mer du Sud, avec des détails sur les principales isles de cette mer, par M. de Laborde, 1791. — H. 0ᵐ,88. — L. 0ᵐ,65.

Toscane, États du Saint-Siége, royaume de Naples et de Sicile, dressés par M. de Laborde, 1786. — H. 0ᵐ,42. — L. 0ᵐ,84. — Trois planches ; il en manque plusieurs.

Umbria, Etruria, Latium, Magna Grecia et Sicilia antiqua, dressées par M. de Laborde, 1786. — H. 0ᵐ,41. — L. 0ᵐ,84.

Carte de Franche-Comté, Dauphiné, Provence, Languedoc, faisant partie d'un ensemble dont les autres parties manquent. — H. 0m,81. — L. 0m,65.

Carte de l'Europe pour l'instruction publique d'après les ordres du ministre de l'intérieur, par J. D. Barbier du Bocage, géographe des Relations extérieures, an XII (1804). — H. 0m,60. — L. 0m,73. — Gravée par Doudan.

Dix planches d'un carte de Bourgogne incomplète. — H. 0m,60. — L. 0m,93.

On a les planches qui portent les numéros 1, 2, 4, 5, 7, 8, 10, 11, 13, 14.

Dans un cartouche placé au bas de la planche n° 13, on lit : « Les ornements d'après les dessins du sr GALEY, Inspecteur des Bâtiments du Roy, l'Écriture par BOURGOIN. » —

TÊTES DE LETTRE ET CARTES D'ENTRÉE.

Une boîte renfermant neuf planches de cuivre, gravées par OBLIN, graveur en cachets, timbres et taille-douce, quai des Orfèvres, près la rue du Harlay, n° 25, à Paris.

Plusieurs de ces planches portent encore le nom et l'adresse du graveur, sur le papier qui les enveloppe. Voici leur description sommaire :

1° *Une planche représentant la Justice sous la figure d'une femme qui tient une balance de la main gauche et un glaive de l'autre.* — H. 0m,10. — L. 0m,145.

Elle est entourée des attributs de la guerre, de la marine, du commerce et de l'agriculture. En bas, on lit : DIRECTOIRE EXÉCUTIF ; en haut : *Liberté, Égalité,* et plusieurs autres inscriptions sur les diverses parties de la planche.

2° *Deux cartes portant ces inscriptions : « Laissez entrer chez le consul Sieyès. » — « Laissez entrer chez le consul Roger-Ducos. »* — H. 0m,155. — L. 0m,10.

3° *Deux cartes sur une même planche. L'une porte l'inscription : « Laissez entrer chez le consul Bonaparte » ; l'autre représente la République assise, tenant un gouvernail et une couronne de chêne.* — H. 0m,145. — L. 0m,10.

Sur un piédestal contre lequel elle s'appuie, on lit : *Liberté, Égalité. Système représentatif.* — Autour est gravée cette légende : *Consuls de la République française.*

4° *Deux cachets ronds gravés sur la même planche.* L'un porte ces mots inscrits dans une couronne de feuilles de chêne : « *Laissez entrer dans le Palais des Consuls de la République frse* » ; l'autre représente la République déjà décrite sous le n° 3, avec les mêmes légendes, mais entourée cette fois d'un cercle. — H. 0m,10. — L. 0m,136.

5° *Carte octogone portant ces mots gravés dans l'intérieur d'une couronne de feuilles de chêne : « Laissez entrer chez le Ier Consul. »* — H. 0m,074. — L. 0m,072.

6° *Deux cartouches ovales sur une même planche.* L'un est vide, l'autre porte ces mots gravés dans un encadrement ovale formé de rais de cœur, de perles et d'une couronne de roses : « *Laissez entrer chez la citoyenne Bonaparte.* » — H. 0m,138. — L. 0m,093.

7° *Carte portant ces mots dans un losange inscrit dans un encadrement rectangulaire : « Laissez entrer chez le secrétaire général Lagarde. »* — H. 0m,068. — L. 0m,10.

8° *Carte gravée avec ces mots : « Laissez entrer chez le secrétaire général Maret. »* — H. 0m,68. — L. 0m,10.

9° *Planche gravée représentant dans un encadrement octogone une figure de République debout, tête nue, portant de la main droite une pique surmontée d'un bonnet phrygien et soutenant un faisceau entourant une hache de la main gauche. Autour cette légende : « République française. »*

Planche gravée sur cuivre pour un en-tête de lettre du Sénat conservateur représentant la République assise, la main droite, posée sur une épée, la main gauche appuyée sur un bouclier portant ces mots : « Constitution française, an VIII. » — H. 0m,13. — L. 0m,105. — Signé : B. ROGER, sc.

Derrière la figure, un coq. Sur la terrasse, on lit : « Sénat conservateur. »

Trois coins de médailles gravés en acier par DUMAREST, d'après la figure de la République par ROGER qui vient d'être décrite.

Plusieurs boîtes contenant des cachets des diverses assemblées, des corps judiciaires, de la poste, etc.

Soixante-dix-sept médailles clichées en étain, face et revers, représentant la suite chronologique des comtes de Savoie et des rois de Sardaigne de 1027 à 1773. — Signées : LAVY.

Six médailles clichées en étain, face et revers, rappelant les victoires de l'armée d'Italie. — Signées : C. LAVY.

Différentes monnaies en argent et en billon des rois de Sardaigne et autres.

Médaille en bronze de Bonaparte, premier consul, an XI. — Par LAVY.

Il existe des inventaires manuscrits détaillés de cette collection de clichés et de monnaies, conservée dans une boîte remise, en octobre 1830, par M. Saunier, à M. Daunou, garde des Archives.

MONNAIES ET PLOMBS DESTINÉS A MARQUER LES MARCHANDISES.

Monnaies de différents pays en argent et en billon.

Assignats et faux assignats.

Marques en plomb pour les foires et marchés.

Elles portent ces inscriptions :

1. *l'isite de la foire Saint-Denis, 1776.*
2. *l'isite des bas, 1776.*
3. *Sortie de la halle haute, 1776.*
4. *Bas pour foire, 1779.*
5. *Régie* (au milieu une fleur de lis).
6. *Régie du Roy, année 1776* (au milieu H. S. H.).

Les cartons sur lesquels sont fixées ces marques portent tous cette note : « Décrites au procès-verbal du 10 septembre 1776. » Seule la dernière porte : « Substituée à celle du procès-verbal du 10 septembre, par autre procès-verbal du 28 septembre 1776. »

Vingt-six boîtes renfermant des matrices, formes et poinçons d'assignats et de mandats territoriaux (portant les n° 28 à 53).

OBJETS DIVERS.

Planétaire en cuivre doré, représentant les mouvements du système solaire, surmonté d'un cadran indiquant les heures.

Le mécanisme est signé DELALUX, à Bar-

le-Duc. L'appareil mesure 0ᵐ,54 de diamètre. Il repose sur un pied de marbre blanc posé sur un parquet en marqueterie de bois noir et gris. Le tout est enfermé dans une grande cage de verre de 0ᵐ,90 de haut sur 0ᵐ,60 de largeur.

Sur une plaque de cuivre fixée extérieurement en bas de la cage de verre, on lit cette inscription : « *Donné à l'Assemblée nationale, le 23 décembre 1789, par M. l'abbé Major professeur au collège de Bar-le-Duc.* »

Avec cet objet est conservée une lettre de l'abbé Major, donnant des détails sur le mécanisme, aujourd'hui en très-mauvais état.

Globe terrestre et Globe céleste du dix-septième siècle, en papier, avec de nombreuses scènes, figures peintes et légendes imprimées, sur les différentes régions de la terre, leurs habitants et la date de leurs découvertes, la forme des constellations, la grandeur des étoiles, etc., etc. — Diam. 0ᵐ,50.

Ces deux sphères sont montées sur quatre pieds de bois tournés.

Au bas du globe terrestre, à la fin d'une longue inscription enfermée dans un cartouche qui porte ce titre : « *Lectori S.* », on lit la signature suivante : « *Auctore ARNOLDO FLOREXCIO, à Langres. Reg. Cat. Ma^{tis} cosmographo et pensonario.* »

Obélisque de marbre gris et rose, sur une base formée de morceaux de marbre ou de granit de trois espèces différentes. — H. 1ᵐ,33. — L. à la plinthe inférieure 0ᵐ,35.

Coffret en fer gothique, quinzième siècle, avec serrure sur le côté. — H. 0ᵐ,19. — L. 0ᵐ,42. — Prof. 0ᵐ,31.

Ce coffret provient du Trésor des Chartes. Il passe pour avoir renfermé le traité de Londres (18 septembre 1527).

Coffret en fer plein, décoré de nervures et d'ornements en relief gothiques dorés. — H. 0ᵐ,22. — L. 0ᵐ,34. — Prof. 0ᵐ,19.

Le couvercle, en forme de demi-cylindre, est surmonté d'une poignée. — Provenance inconnue. — XVIᵉ s.

Coffret en cuir vert, entièrement décoré d'ornements dorés frappés sur le cuir, surmonté d'une poignée dorée. — H. 0ᵐ,21. — L. 0ᵐ,51. — Prof. 0ᵐ,32.

La serrure a été enlevée. — XVIIIᵉ s.

Coffre en bois recouvert de maroquin

rouge, garni de clous dorés, décoré de grosses fleurs de lis également dorées. — H. 0m,29. — L. 0m,69. — Prof. 0m,33.

Le couvercle porte cette inscription, tracée en petits clous dorés : ARCHIVES DE L'ACADÉMIE.

L'intérieur est garni de satin bleu. Poignées sur les côtés. — XVIIe siècle.

On croit que ce petit meuble a appartenu à l'Académie française.

Deux méridiens en étain. Diam. 0m,32.

L'un de ces méridiens, dont la circonférence est décorée de fleurs de lis percées de trous pour recevoir des clous, porte cette légende : « *La Nation, la Loy, le Roy. Dédié et présenté à nosseigneurs de l'Assemblée nationale en mars, 2e année de la liberté française, 1790. — Louis XVI, roy des Français.* » Et sur le haut du cadran : « *Nec pluribus impar. — Fabrique de Paris.* »

Sur le second, des fers de pique ont remplacé les fleurs de lis autour de la circonférence, et en haut on lit, de chaque côté d'un bonnet phrygien : « *La Nation, le loy, la liberté, l'égalité.* » Sur le cercle extérieur, on lit la légende : « *Dédié et présenté à la Convention nationale l'an premier de la République française, 1792* » ; en bas du cercle : « *Fraternité à nos concitoyens.* » Le disque intérieur porte, comme dans le cadran précédent : « *Nec pluribus impar. — Fabrique de Paris.* »

Une note manuscrite jointe à la seconde de ces pièces porte ces mots : « *Pellier, horloger à Laon. — Déposé aux Archives nationales le 8 janvier 1793, l'an II de la Répub. franç.* » Cette note indique que ces cadrans avaient été offerts aux Assemblées politiques de 1790 et de 1793, et furent renvoyés par elles aux Archives que dirigeait alors Camus.

Dans une boîte en acajou plaqué de l'époque impériale, décorée de poignées en bronze doré et portant sur le couvercle une croix grecque, sont conservés divers insignes provenant de l'ordre des chevaliers de la Croix établi sous l'Empire, et plusieurs objets anciens qui avaient appartenu audit ordre. — H. de la boîte, 0m,39. — L. 1m,04. — Prof. 0m,63.

Mitre épiscopale du commencement du quatorzième siècle, décorée de scènes en broderie de soie et de fil d'or encadrées dans des rangs de perles fines, sous un dais d'architecture gothique de style flamboyant. — H. de la mitre 0m,30, avec les pattes 0m,84. — L. 0m,20.

Les fonds étaient ornés autrefois de pierres précieuses en cabochons, qui ont presque toutes été enlevées. La partie supérieure de la mitre est surmontée de petites feuilles en argent doré, se terminant autrefois par une figure ou une pierre qui a disparu. Voici l'énumération des sujets brodés sur cette mitre :

Face antérieure. — En haut : le Crucifiement ; au-dessous, la Nativité ; de chaque côté de cette dernière scène, un saint ; à gauche, saint Jean portant l'Agneau ; à droite, un évêque nimbé.

Face postérieure. — En haut, l'Annonciation ; au-dessous, l'Adoration des mages ; à gauche, saint Denis ; à droite, sainte Catherine. Sur les pattes également ornées de broderies de soie, d'or et de perles, rattachées à la mitre par des attaches en métal à charnières, sont représentés sous des dais d'architecture gothique : à gauche, la Vierge tenant l'enfant Jésus ; à droite, un évêque agenouillé, les mains jointes et portant sa crosse, tourné vers la Vierge.

Trois autres mitres sans ornements.

L'une d'elles est décorée de galons qui paraissent anciens ; sur une autre sont dessinés des scènes et des personnages (l'Ensevelissement du Christ, la Résurrection, les apôtres) ; elle paraît avoir été destinée à recevoir des broderies.

Crosse en ivoire, dont la volute a été remplacée à une époque moderne. — H. 0m,32.

Il existe encore une partie de la hampe et un anneau décoré de rinceaux laissant trois places vides occupées par des groupes de deux animaux fantastiques qui se mordent à la tête ou à la gueule.

Petit reliquaire en cuivre uni, en partie brisé, décoré d'une crête découpée et de pinacles aux quatre angles. — H. 0m,15. — L. 0m,17.

Heaume en fer, gravé, à visière. — Seizième siècle. — H. 0m,34.

Épée du seizième siècle, en fer oxydé, paraissant avoir longtemps séjourné sous la terre. — H. 0m,90.

La même boîte renferme encore une crosse en bois doré, une tiare à plumes, une pierre d'autel, une épée à poignée dorée, ornée de pierres fausses, une planche gravée.

Boîte renfermant des cachets, timbres humides clichés, des bois gravés.

Le tout avait été fabriqué pour les cérémonies des chevaliers de la Croix dont l'insigne, une croix grecque, se trouve partout répété.

EXPOSITION UNIVERSELLE DE 1867.

La commission de l'Exposition universelle de 1867 a déposé aux Archives nationales, avec ses propres archives, les types des poids, mesures et monnaies exposés en 1867 par toutes les nations du globe. La description de cette intéressante collection sortirait du cadre de cet inventaire ; mais il n'était pas sans intérêt de signaler son existence et de faire connaître l'endroit où elle est conservée.

POINÇONS DES ORFÈVRES DE PARIS.

Les Archives possèdent encore les poinçons des orfèvres de Paris, et des matrices de sceaux, au nombre de plusieurs centaines. Cette intéressante collection réclamerait un inventaire particulier.

J. J. GUIFFREY,
MEMBRE DE LA COMMISSION.

Paris, 31 mars 1878.

TABLE

DES NOMS MENTIONNÉS DANS LA MONOGRAPHIE

NOTA. — L'abréviation *arch.* signifie architecte; *éb.*, ébéniste; *gr.*, graveur; *p.*, peintre; *sc.*, sculpteur.

Académie des Inscriptions, 13.
Académie française, 21.
ADAM (les), sc., 4.
ADAM (Lambert-Sigisbert), sc., 5.
ADAM (Nicolas-Sébastien), sc., 7.
Afrique (l'), 19.
Amandiers (rue des), 10.
Amérique du Nord (l'), 19.
AMOUR (l'), 6, 8, 9.
AMPHITRITE, 6, 9.
ANDRIEU, graveur en médailles, 12, 13.
ANTOINE (saint), 18.
APOLLON, 9.
APPIANI (Andrea), p., 13.
Archives (rue des), 3, 4.
ARGUS, 7.
ARIANE, 7.
Arsacides (île des), 19.
Arsenal (l'), 13.
Astronomie (l'), 5.
AURORE (l'), 6.
BABEL, gr., 4.
BIBOEUF, 14.
BIBOU DE LA BOUDAIZIÈRE, 3.
BACCHUS, 7.
BACQUOY (G.), gr., 18.
Bagnères de Luchon, 19.
BAILLY (Sylvain), 12.
Bar-le-Duc, 21.
BARBIER DU BOCAGE (J. D.), géographe, 20.
BARRE (A.), gr. en médailles et sc., 13, 15.
Bastille (la), 10, 13.
Bastille (place de la), 13.
BAYNES (Jacques DE), 18.
BEAUVAIS SAINT-SAUVEUR, 17.
BENOIST (M. Ph.), p., 10.
BERG (le grand-duc DE), 14.
Billom (collège de), 9.
Blois, 19.
BLONDEL, arch., 4.
BECQUET (N.), p., 17.
BOFFRAND, arch., 4, 8, 10.
BOICERVOISE (M.), 10.
Boigny, 17.

Boissy (collège de), 19.
BONAPARTE (le général), 12, 13, 15, 20, 21.
    Voyez : NAPOLÉON Ier.
BONAPARTE (Lucien), 12.
BORDIER (M. H.), 4.
BORÉE, 9.
BOUCHER (François), p., 6, 7, 8, 9.
BOUCHET, horloger, 11.
BOUDIN (L.), gr., 18.
BOUGAINVILLE, 19.
BOUGRAN (L. V.), sc., 16.
Boulogne-sur-Mer, 11.
BOURDY, sc., 5.
Bourgogne (duché de), 19, 20.
BOURGOIN, graveur de lettres, 20.
BOUROLLEAU, sc., 16.
Braque (rue de), 3, 4.
BRENET (N. Auguste), graveur en médailles, 13, 14.
BRICE (G.), 4.
BRUNETTI, p., 4.
BUACHE, géographe, 19.
BYRON, voyageur, 19.
CAFFIERI (J. J.), sc., 16.
CALISTO, 7.
CAMBACÉRÈS, 13.
Campo-Formio, 12.
CAMUS, garde des Archives, 16, 19, 22.
CAPRARA (le cardinal), 14.
CAQUÉ, graveur en médailles, 13.
CARTERET, voyageur, 19.
CASSINI, 19.
CASTOR, 8.
CATHERINE (sainte), 22.
CÉPHALE, 6.
CHARLES V, 3.
CHARLES X, 13, 16.
CHARLES (le Dauphin), 17.
Chartes (école des), 5.
Chasse (la), 5.
CHAUDET, sc., 15.
Chaume (rue du), 3, 4.
CICÉRI (M. Eugène), p., 10.
Clermont-Ferrand (collège de), 9.

CLISSON (Olivier DE), 3, 4.
Clisson (hôtel), 3, 4.
Comédie (la), 5.
Compiègne (forêt de), 19.
Concorde (place de la), 12.
CONFLANS (F. P. Pothier, dit). Voyez : POTHIER.
CORNEILLE (Pierre), 16.
COUSTOU (Guillaume), sc., 5.
Crépuscule (le), 8.
CYBÈLE, 9.
DIANE, 7.
DANGEAU (le marquis DE), 17.
DANVILLE, géographe, 19.
DARGENVILLE (A. J. Dezallier), 6, 9.
DARÇOU (P. C. F.), 6, 21.
Dauphiné (le), 20.
DAVID D'ANGERS (P. J.), sc., 6.
Dego, 12.
DELALAIN, mécanicien, 21.
DELAMAIRE, arch., 4.
DELARUE, 16.
DENIS (saint), 22.
DENON (Vivant), 12, 13, 14.
DESAIX (le général), 12.
DESSALES (M.), 4.
DIANE, 7, 9.
DOUDAN, graveur de cartes, 20.
Drame (le), 5.
DREVET, gr., 17.
DROUET, gr. en lettres, 19.
DROZ, gr. en médailles, 12.
DUBOIS (M.), arch., 4.
DUFLOS (Cl.), gr., 18.
DUMAREST (R.), gr. en médailles, 14, 20.
DUPRÉ, gr. en médailles, 12, 13.
DUPUIS, arch. et gr., 19.
DUVIVIER (B.), gr. en médailles, 12.
ECK, fondeur, 15.
EISEN (Ch.), gr., 18.
ÉDOUARD VI, 11.
ENDYMION, 7.
Espagne (l'), 19.
Etruria, 19.
EUDES DE GUIMARD (Louise), p., 16.
EUGÉNIE (l'impératrice), 8, 16.
EUROPE, 7.
Europe (l'), 20.
Exposition universelle de 1867, 10, 23.
FERDINAND II, 11.
FLORENCIO (Arnoldo), cosmographe, 21.
Foi (la), 18.
FONTE (l'amiral DE), 19.
Franche-Comté (la), 20.
Francs-Bourgeois (rue des), 5.
FRANKLIN (Benjamin), 13.
FUENTES (l'amiral DE), 19.
GALEY, inspecteur de bâtiments, 20.
GALLE, gr. en médailles, 12.
GAMAIN, serrurier, 45.

GANYMÈDE, 7.
GATTEAUX, gr. en médailles, 12.
GAUTHIER DE SIBERT, 18.
GAUTIER, serrurier, 13.
GAYRARD, gr. en médailles, 13.
GHENDT (E. DE), 18.
Gibraltar (le détroit de), 19.
GOUGENOT (l'abbé), 5.
Grâces (les), 6.
GRISAR (M.), arch., 4.
GUAY, gr. en pierres dures, 17.
GUILLAUME (M.), arch., 4.
GUISE (les ducs DE), 3, 4.
GUISE (Charles de Lorraine, duc DE), 3.
GUISE (Henri Ier de Lorraine, duc DE), 3.
GUISE (Henriette-Catherine de Joyeuse, duchesse DE), 3.
Guise (hôtel de), 3.
HARPIN, sc. en bois, 9.
HÉBÉ, 5.
HENRI IV, 9.
HENRI VIII, 11.
HERCULE, 5.
Histoire (l'), 5.
HOCHE (le général), 16.
Hôtel de ville (l'), 10.
JALEY, sc., 6.
JANNIARD (M.), arch., 4.
JEAN (saint), 22.
JEHAN DE PARIS, 18.
JEUFFROY, gr. en médailles, 13.
JOSÉPHINE (l'impératrice), 20.
Joyeuse (les), 3.
Justice (la), 5, 20.
KLÉBER (le général), 12.
KOCK (J. Henry), serrurier, 11.
LABORDE (DE), géographe, 19.
LA FAYETTE, 12.
LA FONTAINE (Jean DE), 9, 10.
LAGARDE, 20.
LAITIÉ, sc., 18.
Languedoc (le), 20.
LASEIGNE, géographe, 19.
Latium (le), 19.
LAVERGNE (M. Al. DE), 4.
LAVY (C.), gr. en médailles, 12, 13, 21.
LEBRUN, consul, 13.
LE CLERC (S.), gr., 17.
LÉDA, 7.
LELONG (M.), arch., 4.
Lemaire (détroit de), 19.
LE MOYNE (J. B.), sc., 5.
LE PAUTE, horloger, 8, 10.
LEPELLETIER DE SAINT-FARGEAU, 11, 17.
LETRONNE (J. A.), 3, 6.
LIÉNARD, gr. en médailles, 12.
LONGUEIL (DE), gr., 18.
LOUIS XIV, 10, 11, 17.
LOUIS XV, 3, 10, 11, 17, 18.

Louis XVI, 10, 11, 12, 13, 14, 22.
Louis XVII, 12.
Louis XVIII, 13, 16.
Louis-Auguste, Dauphin de France, 18.
Louis-Philippe Ier, 13, 14, 15, 16, 17.
Louis-Napoléon. Voyez : Napoléon III.
Lucas (C.), gr., 4.
Lunéville, 13.
Machy, p., 17.
Magellan (détroit de), 19.
Magna Græcia, 19.
Mahon (l'abbé), 21.
Malaca (détroit de), 19.
Mantoue, 12.
Marat, 11-12, 17.
Marengo, 13.
Marey, 20.
Marie-Amélie, 13.
Mariette, gr., 4, 9.
Marly (forêt de), 19.
Mars, 6, 7.
Martin (Vernis), 11.
Massard, gr., 18.
Matis (N.), gr. géographe, 19.
Mercke-Marchand, gr. en sceaux, 14.
Mercure, 7, 8, 9.
Michel-Ange, sc. et p., 8.
Millesimo, 12.
Minerve, 6. Voyez : Pallas.
Mirabeau, 12.
Monde (les quatre parties du), 6.
Montigny (de), 19.
Munster, 11.
Musique (la), 5.
Naples (royaume de), 19.
Napoléon Ier, 15, 16. Voyez : Bonaparte.
Napoléon II, 12.
Napoléon III, 8, 15.
Nast, porcelainier, 16.
Natoire (Ch.), p., 7-8.
Navigation (la), 5.
Neptune, 6, 9.
Nicaragua (lac de), 19.
Nicolo dell'Abbate, p., 4.
Nolin (J.), gr., 17.
Nouvelle-Hollande (la), 19.
Nuit (la), 8.
Oblin, gr., 20.
Pacetti (Camillo), sc., 16.
Pallas, 5, 7. Voyez : Minerve.
Palloy (le patriote), 10.
Para (le sr), 18.
Patry, fondeur, 13.
Pêche (la), 5.
Peinture (la), 5.
Pelletier (F.), gr. sur acier, 12.
Pellier, horloger, 22.
Peschiera, 12.
Petit, gr. en médailles, 13.

Pezey (Ant.), p., 17.
Phébus, 9.
Piganiol de la Force, 4.
Poésie (la), 5.
Pollet (J.), sc., 16.
Pollux, 8.
Poumera, serrurier, 11.
Pothier ou Potier (F. Ph.), dit Conflans, 18.
Pradier, sc., 16.
Primatice (le), p., 4.
Provence (la), 20.
Prudence (la), 5, 8.
Psyché, 7-8, 17.
Pyrénées (les), 19.
Quantin (M.), imprimeur, 7.
Quatre-Fils (rue des), 3, 4.
Quicherat (M. J.), 3, 4.
Raphaël, p., 4.
Raynal (G. T.), 12.
Renommée (la), 5.
Restout, p., 6, 8, 9.
Riesener, ébéniste, 10.
Rigaud, p., 4.
Rigaud (H.), p., 17.
Robert le Lorrain, sc., 5.
Robespierre (Maximilien), 10.
Roche (rue de la), 4.
Roger (B.), gr., 20.
Roger-Ducos, consul, 20.
Rogier, p., 4.
Rohan (les), 4.
Rousseau (J. J.), 16.
Rouyer (E.), arch., 3.
Saint-Denis (la foire de), 21.
Saint-Juan (rivière de), 19.
Saint-Sever, 19.
Saint-Siège (États du), 19.
Sainville (Thomas de), 18.
Saisons (les quatre), 5, 6.
Salon de 1737, 5, 6, 8, 9.
— de 1738, 6, 9.
— de 1739, 6.
— de 1872, 10.
Sardaigne (les rois de), 21.
Sauvier, 19.
Savnier (M.), 21.
Savoie (les comtes de), 21.
Scédorf (la supérieure de), 18.
Secret (le), 8.
Séguin, géographe, 19.
Sellier, gr., 4.
Sémélé, 7.
Sénégal (le), 19.
Sèvres (manufacture de), 16.
Shortland, voyageur, 19.
Sicilia antiqua, 19.
Sieyès, 20.
Simon, gr. en pierres dures, 11, 12, 17.
Sincérité (la), 8.

Sonde (îles de la), 19.
SOUBISE (les princes DE), 3, 4.
Soubise, (hôtel), 3, 4.
— (rue de), 4.
SERVILLE (DE), voyageur, 19.
SES, gr. de sceaux, 14.
Tagliamento (le), 12.
TANNEGUY-DUCHATEL, 17.
TAUPIER (M.), 16.
THÉOPHRASTE, 8.
THIÉRY, 4, 5.
THOMASSIN (S.), gr., 18, 19.
THOU (DE), 4.
TELLIER (F.), gr. de sceaux, 14.
Toscane (la), 19.
TRÉMOLLIÈRES, p., 5, 6, 8, 9.
Trieste, 12.

Tuileries (le château des), 8, 10.
Umbria, 19.
VAN DER WEYDEN (Rogier), p., 4.
VAN LOO (Carle), p., 6, 8, 9.
VASSALLO, graveur en médailles, 12.
Vendôme (place), 12.
VÉNUS, 6, 7, 8.
Vérité (la), 8.
Versailles (chapelle de), 17.
Vieille-du-Temple (rue), 4.
VIOTTE, gr., 18.
VOLTAIRE, 16.
VULCAIN, 9.
WALLIS, voyageur, 19.
Wedgwood (porcelaine de), 17.
ZÉPHIRE, 7.

INVENTAIRE GÉNÉRAL
DES
RICHESSES D'ART DE LA FRANCE
PUBLIÉ SOUS LES AUSPICES DU MINISTÈRE DE L'INSTRUCTION PUBLIQUE
Et avec le concours de l'Administration des Beaux-Arts

Cette publication ne se bornera pas à cataloguer les chefs-d'œuvre qu'elle aura à signaler; elle en enregistrera le sujet, la nature, l'origine, la date, les proportions, les particularités, la dernière provenance. Dans l'*Inventaire* d'une église, elle mentionnera les tableaux, les statues, les boiseries, le trésor. Dans celui d'un musée, elle relèvera jusqu'à la plus petite esquisse. Dans une bibliothèque, elle étudiera le mobilier, puis, ouvrant les manuscrits ornés de miniatures, elle en dira l'attrait et la rareté. Partout, avant de franchir le seuil d'un édifice, elle apprendra le style, l'âge, les destinations successives du monument.

La publication de l'*Inventaire général des Richesses d'art de la France* est confiée aux soins d'une commission spéciale dont le président et les principaux membres appartiennent à la Direction des Beaux-Arts.

Quatre séries parallèles de monographies sont publiées simultanément :

La Première Série comprend *les Monuments religieux de Paris;*
La Deuxième Série comprend *les Monuments civils de Paris;*
La Troisième Série comprend *les Monuments religieux de la Province;*
La Quatrième Série comprend *les Monuments civils de la Province.*

La Commission de l'Inventaire publie en outre les *Archives du Musée des Monuments français* d'après les papiers d'Alexandre Lenoir, communiqués par son fils, M. Albert Lenoir, membre de l'Institut, et les documents conservés aux Archives nationales, à la Direction des Beaux-Arts, etc. — Le tome Ier de cette publication a paru en 1883.

CONDITIONS DE SOUSCRIPTION ET DE VENTE

Première Édition, papier ordinaire :

Prix du fascicule.	5 fr.
Prix du volume.	9 fr.

Deuxième Édition, papier vélin :

Prix du fascicule.	8 fr.
Prix du volume.	13 fr.

Troisième Édition, *numérotée,* papier de Hollande :

Prix du fascicule.	10 fr.
Prix du volume.	50 fr.

Chaque volume sera publié en *trois* fascicules. Il paraîtra environ *deux* volumes par an.

N. B. — Chacune des monographies contenues dans l'Inventaire général des richesses d'art de la France, tirée à part, forme un cahier spécial semblable au présent fascicule, et peut être vendue isolément.
Une liste détaillée de ces Monographies est en distribution.